mhreadingwonders.com

Copyright © 2004 by Ediciones Santillana.

Published by arrangement with Santillana USA Publishing Company, Inc.
All rights reserved.

No part of this publication may be reproduced or distributed in any form
or by any means, or stored in a database or retrieval system, without
the prior written consent of McGraw-Hill Education, including, but not
limited to, network storage or transmission, or broadcast for distance learning.

Send all inquiries to:
McGraw-Hill Education
Two Penn Plaza
New York NY 10121

ISBN: 978-0-07-901371-2
MHID: 0-07-901371-6

Printed in China.

2 3 4 5 6 DSS 26 25 24 23 22

EL BAÚL DE LOS TRANSPORTES

Cecilia Pisos
ilustraciones de Lancman Ink

EL CAMIÓN QUE VA HASTA EL PUERTO,
COMO TODAS LAS MAÑANAS,
LLEVA UNA VACA DORMIDA
SOBRE UNA CAMA DE ALFALFA.

AL CAMIÓN SIGUEN DE CERCA
DOS POLLOS EN BICICLETA.
COMO SE PINCHAN LAS RUEDAS,
EL CAMIÓN ABRE LA PUERTA.

SOBRE EL CAMIÓN QUE VA AL PUERTO
ATERRIZAN TRES AVIONES,
QUE VUELAN, DIBUJAN, PINTAN
EL CIELO DE OTROS COLORES.

EL CAMIÓN DE PRONTO FRENA
ANTE EL PASO DE UN GRAN TREN.
CUATRO VAGONES QUEDARON,
EL TREN RESOPLÓ Y SE FUE.

CUANDO LLEGA A LA ROTONDA,
EL CAMIÓN DA MUCHAS VUELTAS.
CINCO OVEJAS EN PATINES
HACEN RONDA Y LO MAREAN.

COMO EL CAMIÓN ESTÁ QUIETO, SIETE AUTOS IMPACIENTES QUIEREN MORDER EL CAMINO Y MUESTRAN TODOS LOS DIENTES.

SOBRE EL CAMIÓN, UNA SOMBRA
CADA VEZ ES MÁS CERCANA:
EN GLOBOS, OCHO GAVIOTAS
VAN CON ALAS ENREDADAS.

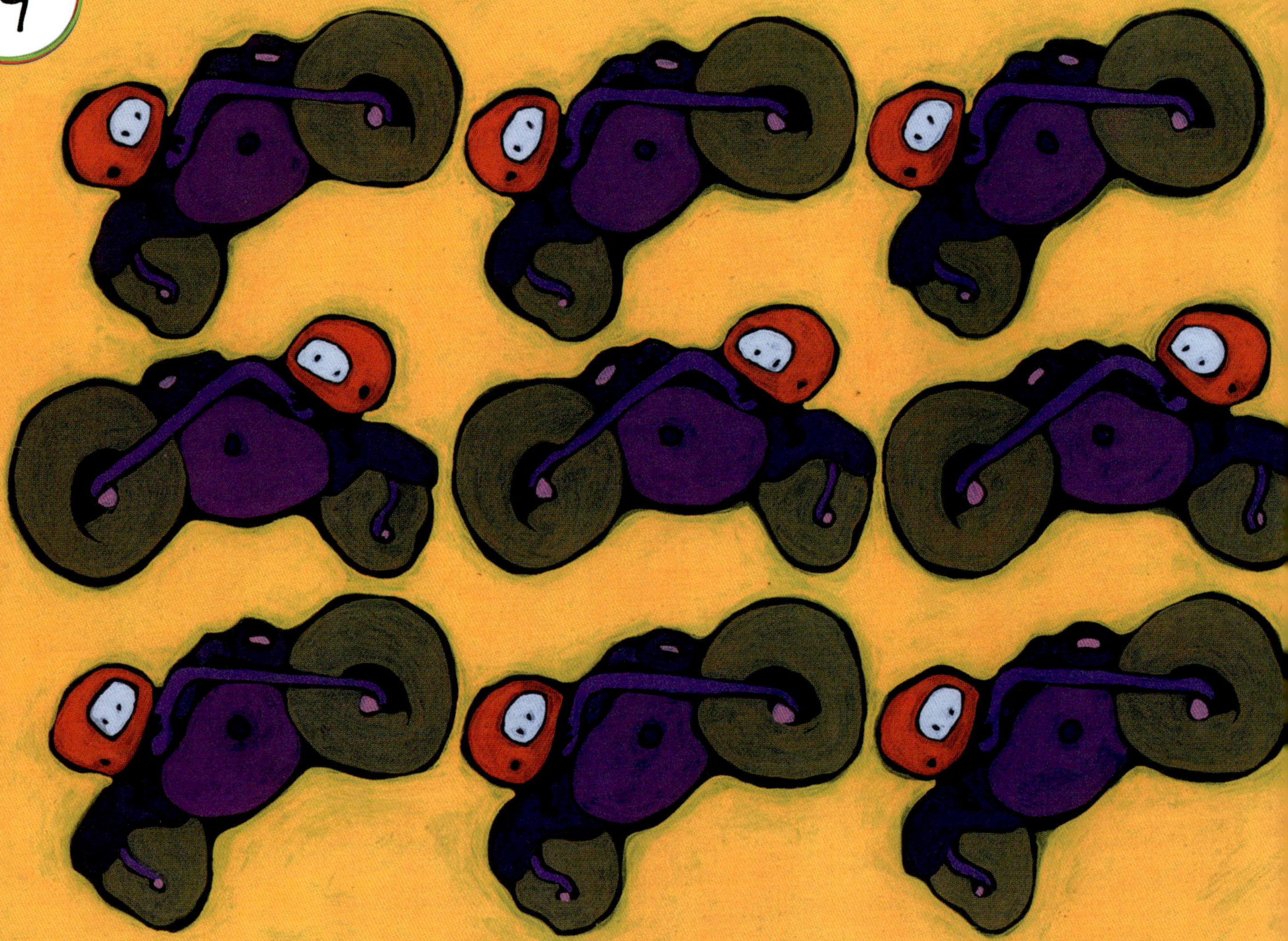

TOCA EL CAMIÓN LA BOCINA,
¡QUE TERMINE LA ACROBACIA!
NUEVE PULGAS EN SUS MOTOS
NO LE HACEN NINGUNA GRACIA.

EL CAMIÓN YA LLEGÓ AL PUERTO,
QUE ESTÁ A LA ORILLA DEL MAR.
VIO DIEZ BARCOS MARINEROS
Y SE MARCHÓ A NAVEGAR.